AF369548

Vente du Samedi 10 Mai 1884

HOTEL DROUOT, SALLE N° 5

OBJETS DE VITRINE

ET

D'AMEUBLEMENT

Tabatières, Bonbonnières, Bijoux, Miniatures, Orfèvrerie

PORCELAINES DE CHELSEA

BELLE PENDULE DU TEMPS DE LOUIS XIV

MEUBLES — TABLEAUX

EXPOSITION PUBLIQUE

Le Vendredi 9 Mai 1884, de une heure à cinq heures.

Mᵉ ESCRIBE	M. Ch. MANNHEIM
COMMISSR°-PRISEUR	EXPERT
rue de Hanovre, n° 6	rue Saint-Georges, n° 7

PARIS — 1884

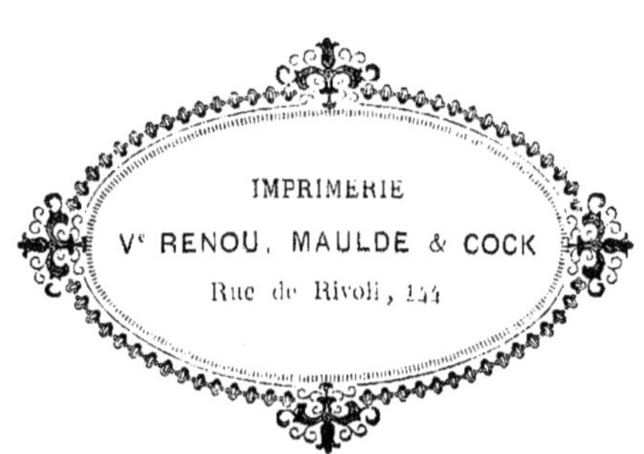

IMPRIMERIE

V^c RENOU, MAULDE & COCK

Rue de Rivoli, 144

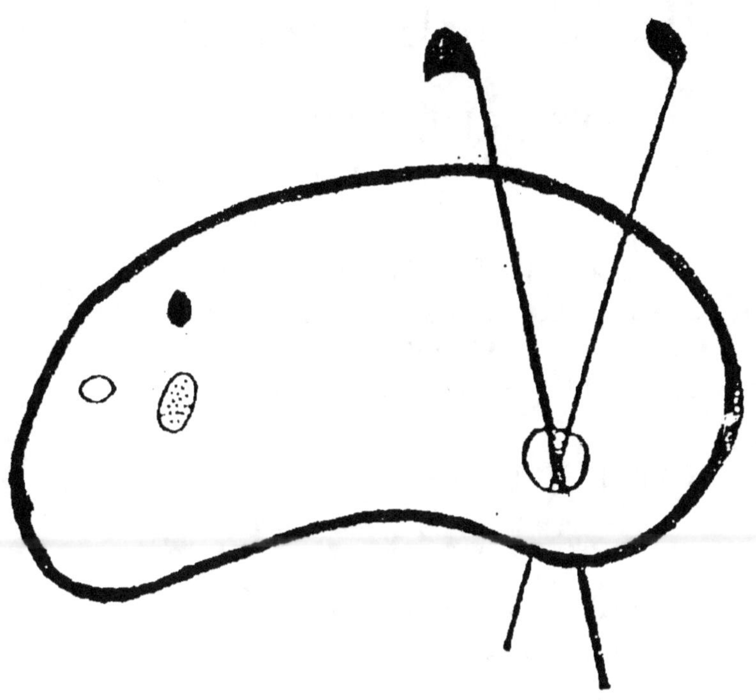

FIN D'UNE SERIE DE DOCUMENTS
EN COULEUR

CATALOGUE

DES

OBJETS DE VITRINE

ET

D'AMEUBLEMENT

Tabatières et Bonbonnières Louis XVI, Miniatures, Bijoux
Orfèvrerie
Vases et Groupe en ancienne porcelaine de Chelsea

BELLE PENDULE DU TEMPS DE LOUIS XIV

**Encoignures en laque de Coromandel, Cabinet en bois sculpté
Paravent en laque**

TABLEAUX PAR GUDIN ET AUTRES

DONT LA VENTE AURA LIEU

HOTEL DROUOT, SALLE N° 5

Le Samedi 10 Mai 1884

A DEUX HEURES

Par le ministère de **M° ESCRIBE**, Commissaire-Priseur.
rue de Hanovre, 6.

Assisté de **M. CHARLES MANNHEIM**, Expert.
rue Saint-Georges, 7.

CHEZ LESQUELS SE TROUVE LE PRÉSENT CATALOGUE.

EXPOSITION PUBLIQUE

Le Vendredi 9 Mai 1884, de une heure à cinq heures.

PARIS — 1884

CONDITIONS DE LA VENTE

—

Les Acquéreurs paieront CINQ POUR CENT, en sus des adjudications, applicables aux frais.

Aucune réclamation ne sera admise une fois l'adjudication prononcée.

DÉSIGNATION DES OBJETS

TABATIÈRES ET BIJOUX

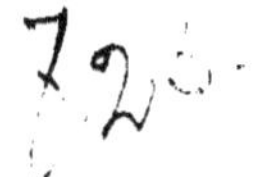

1 — Jolie Boîte ovale en or gravé, à canne-
lures séparées par des feuillages émaillés
vert, et à cordons composés d'ornements
feuillagés émaillés vert émeraude. Sur le
dessus, un médaillon peint sur émail; au
fond, un trophée d'instruments de musique
ciselés en relief. Époque Louis XVI.

2 — Boîte, de forme contournée, en cailloux
d'Égypte, montée en or repoussé à ornements rocaille. Le bec est orné de pierreries.

3 — Boîte ronde en écaille noire, galonnée
d'or. Le dessus est orné d'une peinture sur
émail, représentant Cléopâtre. Époque
Louis XVI.

4 — Boîte ronde en écaille, dont le dessus est
orné d'une miniature sur ivoire, signée
Cavicchia, représentant un Portrait de
femme.

5 — Boîte analogue à celle qui précède. Elle est ornée d'un Portrait de femme vêtue d'un corsage vert.

6 — Boîte ronde en écaille doublée en or. Le couvercle est orné d'un Portrait de femme, peint en miniature, sur ivoire.

7 — Boîte ronde en écaille, galonnée d'or. Le dessus est orné d'une miniature, signée *Morlet*, et représentant un Portrait de femme.

8 — Montre anglaise du temps de Louis XV, à double boîte en or. Le boîtier extérieur est décoré de figures et d'ornements en relief.

9 — Montre Louis XV en argent repoussé, à figures et ornements.

10 — Boîte ronde, montée à cage, en or ciselé et doublée en or, enrichie de six miniatures en grisaille dont deux représentent des Jeux d'amours, et les quatre autres, des Paysages et des Attributs.

11 — Boîte ronde en écaille galonnée d'or. Le dessus est orné d'une peinture sur émail en grisaille, sur fond bleu, représentant Flore debout.

12 — Boîte ronde en écaille, avec gorge en or.
Le dessus est orné d'une miniature sur
ivoire, représentant une Jeune Fille coiffée
d'un large chapeau à plumes blanches, enca-
drée d'un cercle d'or gravé.

13 — Boîte ronde en écaille galonnée d'or. Le
dessus est orné d'une miniature, représentant un Paysage.

14 — Boîte ovale en ancienne porcelaine de
Saxe décorée de fleurs polychromes. L'in-
térieur du couvercle représente la Vénus du
Titien. Monture en argent doré.

15 — Boîte, de forme contournée, en porcelaine
d'Allemagne, décorée de deux Colombes et
de Moutons. A l'intérieur du couvercle,
deux Singes, l'un dansant, l'autre jouant
du triangle. Monture en argent.

16 — Médaillon ovale, formant miroir de poche,
en argent doré. Le dessus porte une branche
de muguet, gravée et incrustée de perles.

17 — Bijou indien en or émaillé, à rosaces et
fleurs en couleur sur fond blanc, et offrant
sur la face opposée des turquoises incrus-
tées.

18 — Montre placée dans une boîte simulant un petit Livre d'heures en jaspe sanguin, montée en or et émail bleu.

19 — Dix-sept Boutons d'habit en jaspe jaunâtre.

20 — Etui en forme de trompe de chasse, en argent doré.

21 — Médaillon en argent, orné d'une miniature entourée de strass.

22 — Autre petit Médaillon, orné d'une miniature entourée de pierreries.

23 — Croix de cou en argent doré et émaillé, enrichie de grenats.

24 — Autre Croix en argent, enrichie de strass et de cristaux teintés imitant des rubis.

25 — Broche, formée de deux médaillons ovales montés en argent, et enrichie de branches de fleurs en marcassites, appliquées sur verre rouge.

26 — Médaillon en argent et demi-perles, enrichi d'une peinture sur émail.

27 — Pendant de cou en argent doré et émaillé,
enrichi de jais et d'une peinture sur émail.

28 — Epingle d'or pour cravate, ornée d'un
camée à deux couches.

29 — Broche formée d'améthystes, montée en
argent doré.

30 — Deux Bagues d'or, montées de camées,
dont l'une sur turquoise et l'autre sur
agate à deux couches.

31 — Epingle de cravate, formée d'un camée,
montée en or. Buste de Femme de profil, à
droite.

32 — Navette en écaille incrustée d'or et d'argent.

33 — Deux Peignes en argent doré et perles
fausses.

34 — Deux autres Peignes, montés de strass.

35 — Grande Boucle en argent ciselé, à branches de chêne, et découpé à jour.

36 — Deux Boucles de souliers en strass.

37 — Trois Boutons et une Étoile en strass.

38 — Garniture de Boutons en acier, dont douze pour robe et six pour corsage.

39 — Autre Garniture de trente-cinq Boutons en acier, variés de dimensions.

40 — Garniture de vingt-quatre Boutons en argent, taillés à facettes, et découpés à jour.

41 — Vingt et un Boutons de robe, dont douze en cuivre et nacre et neuf en passementerie.

42 — Statuette de Divinité chinoise debout en cristal de roche, sur socle en bois sculpté.

43 — Porte-Tablettes en ivoire sculpté, à paysages et figures. Travail chinois.

—

ORFÉVRERIE

44 — Grande Chocolatière Louis XV en argent, décorée d'ornements rocaille et d'ondes ciselés.

45 — Cafetière de style Louis XV en argent, décorée d'ornements rocaille, avec poignée en ivoire.

46 — Écuelle du temps de la Régence, en argent gravé; le bouton du couvercle et les anses de l'écuelle sont décorés de bustes en relief.

47 — Théière hollandaise en argent, à côtes en spirales, et poignée en bois noir.

48 — Petite Cafetière en argent, de style Louis XV, décorée de côtes en spirale et d'ornements feuillagés ciselés; manche en bois noir.

49 — Petite Chocolatière Louis XV, avec manche en bois noir. Les ornements qui la décorent ont été gravés postérieurement.

5o — Sucrier de style Louis XV en argent repoussé, à côtes et reposant sur quatre pieds cintrés.

51 — Pot à lait de style Louis XV en argent repoussé, à côtes et à poignée en bois noir.

52 — Deux Salières oblongues et à angles coupés, en argent, avec godrons à la base. Travail hollandais.

53 — Miroir à main en argent doré. Travail oriental.

54 — Plateau, en forme de feuille, en argent. Il est doré à l'intérieur.

55 — Autre Plateau, en argent repoussé, à feuillages.

56 — Petit Plateau rond en argent gravé, reposant sur trois pieds bas et à bord découpé à jour.

57 — Deux Dessous de carafe en argent, à godrons au bord et côtes rayonnantes au fond.

58 — Plat rond, à contours, à moulure au bord, prise dans la masse, époque Louis XV.

59 — Plat analogue à celui qui précéde, mais plus petit.

60 — Petite Cafetière à pans et à côtes. Travail hollandais.

61 — Moutardier Louis XVI en argent, à grille découpée à jour et intérieur en verre bleu.

62 — Petite Coupe ronde, à couvercle, en émail cloisonné du Japon, à fond bleu turquoise et papillons. Elle est montée en argent.

63 — Etui en peau de requin, monté en argent.

MINIATURES

64 — Grande Miniature ronde, sur ivoire, représentant une jeune fille disposant des festons de fleurs autour d'un vase. Cadre à réverbère en argent doré.

65-67 — Cinq Miniatures sur ivoire : Portraits de femmes, dont trois avec cadres en cuivre doré.

68 — Deux Miniatures sur ivoire, dont l'une de forme ovale, représente le portrait d'un officier en costume Louis XV, et l'autre, de forme ronde, le portrait supposé de Jean-Jacques Rousseau.

69 — Deux Miniatures : Engagement de cavalerie turque et vue de la place Vendôme. Cadres en cuivre doré.

70 — Miniature sur vélin : Paysage avec figure et carrosse. Cadre en argent doré.

71 — Deux Pièces : Fixé représentant un Paysage, et Miniature ronde représentant un Port de mer.

—

PORCELAINES DE CHELSEA

72 —Quatre Vases, modèle rocaille, en ancienne porcelaine de Chelsea, enrichis de figurines, de fleurs et de fruits en ronde-bosse et en relief, représentant les attributs des Saisons ; ils sont enrichis de médaillons représentant des arbustes et des oiseaux polychromes.

73 — Grand Groupe de deux figures en porcelaine de Chelsea, à décor polychrome rehaussé de dorure, jardinière et personnage en costume hongrois.

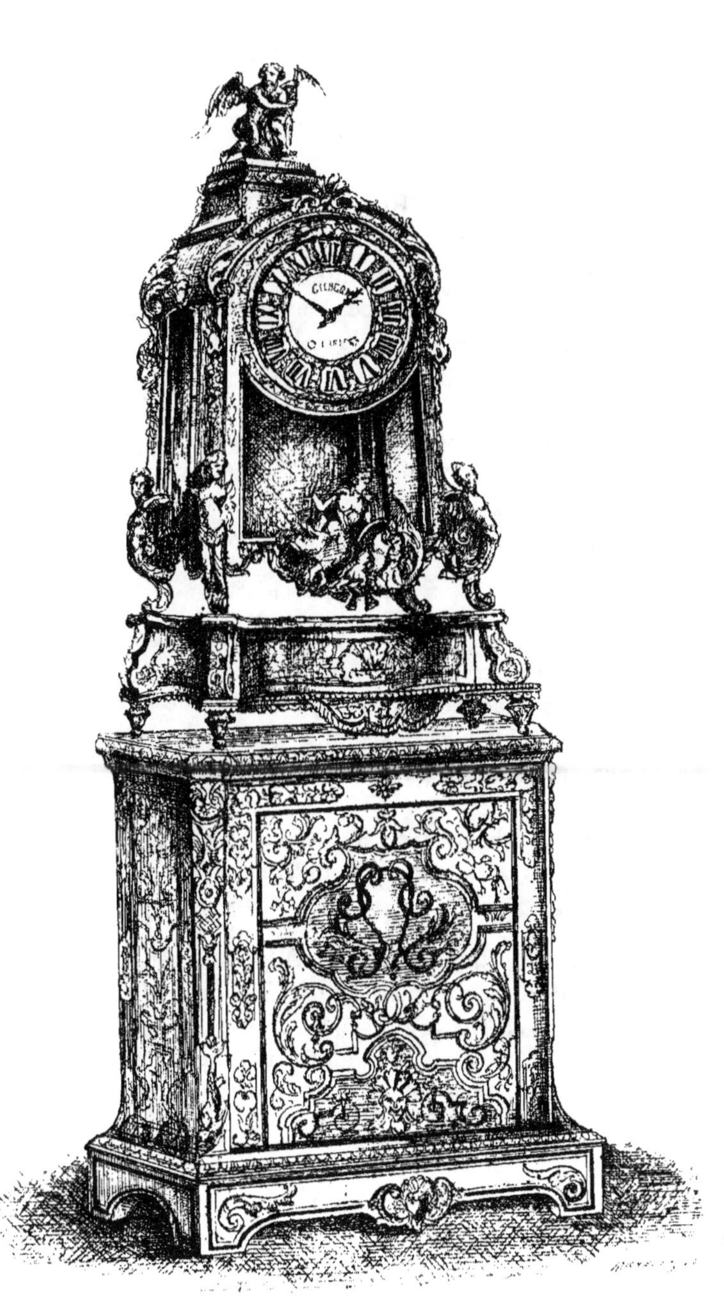

MEUBLES

74 — Grande et belle Pendule du temps de
Louis XIV en marqueterie de cuivre et
écaille, richement garnie de bronze doré.
Les angles inférieurs sont ornés de caria-
tides ailées et les chutes sont formées de
dauphins. La pièce est terminée, à sa partie
supérieure, par la figure du Temps assis et
elle repose sur un socle et sur un soubasse-
ment de même style, mais de travail posté·
rieur.

Haut. de la pendule. 1^mo5.
Haut. totale. 2^m20.

75 — Deux Encoignures du temps de Louis XV,
formées chacune d'un panneau en laque de
Coromandel, représentant des paysages
avec pagodes et personnages rehaussés de
couleur sur fond noir. Elles sont garnies
d'ornements rocaille en bronze ciselé et
couvertes de tablettes de marbre rouge de
Flandre.

76 — Meuble-Cabinet en bois sculpté, de la fin
du XVIe siècle, avec montants et frise ornés de
figurines en ronde bosse. Il repose sur une
table dont les pieds sont formés de figurines d'enfants, reliées par des guirlandes
de fruits.

77 — Grand Paravent à six feuilles, en ancien laque de Chine, à décor d'or sur fond noir.

78 — Bonheur-du-Jour, de style Louis XV, en bois de rose, garni d'ornements rocaille en bronze ciselé et doré, et enrichi de plaques de porcelaine tendre, représentant les portraits de femmes célèbres et des sujets variés.

79 — Grande Console du temps de la Régence en bois sculpté et doré, à coquilles, ornements et festons de fleurs. L'entre-jambes est orné d'un groupe de deux oiseaux. Dessus en marbre à moulure au pourtour.

Larg., 1m65.

80 — Petite Pendule Louis XV et son socle-support en marqueterie d'écaille et cuivre, garnie d'ornements rocaille en bronze.

81 — Coffret oblong, à couvercle bombé, en bois sculpté, à paysages, figures et ornements. Travail chinois.

82 — Lot de Broderies sur toile écru. Travail des colonies portugaises.

TABLEAUX

83 — Gudin (T.), 1837. Grand tableau : le Naufrage.

> Haut., 1ᵐ8o. Larg.. 2ᵐ3o.

84 — Gudin (T.). Entrée de port de mer.

> Haut., 0ᵐ37. Larg., 0ᵐ6o.

85 — Gudin (T.). Ville orientale.

> Haut.. 0ᵐ37. Larg., 0ᵐ6o.

86 — Boucher (Ecole de). Deux Sujets champêtres à deux personnages.

> Ovales. — Haut., 0ᵐ10. Larg., 0ᵐ14.

87 — Ecole italienne. Enfant nu couché sur un dauphin. Cadre en bois sculpté et doré.

> Haut., 0ᵐ45. Larg., 0ᵐ68.

88 — Inconnu. Tête de décapité.

> Ce tableau passe pour être la reproduction de la tête du roi Louis XVI. après son exécution.

> Ovale. — Haut.. 0ᵐ6o. Larg., 0ᵐ5o.

Vᵉ Renou, Maulde et Cock, imprs de la Compagnie des Commissaires-Priseurs, rue de Rivoli, 144.　47802